Jonathan Swift, Heinrich Landesmann, Armin Friedmann

Swift's Testament

Jonathan Swift, Heinrich Landesmann, Armin Friedmann

Swift's Testament

ISBN/EAN: 9783744657907

Hergestellt in Europa, USA, Kanada, Australien, Japan

Cover: Foto ©ninafisch / pixelio.de

Weitere Bücher finden Sie auf **www.hansebooks.com**

Swift's „Testament"

Eingeleitet von

Hieronymus Lorm

übersetzt und erklärt von

Armin Friedmann.

Mit einem Bildnisse Swift's.

Wien.

Verlag von Moritz Perles

1897.

Swift.

Eine Studie von

Hieronymus Lorm.

Auch Bücherdeckel sind zuweilen Sargdeckel, die sich niemals mehr öffnen, obgleich sie nicht eines Menschen sterbliche, sondern seine unsterblichen Reste umschließen. Was haben in der That alte Bücher vor alten Gräbern voraus? Unbekannt bleibt der darin eingescharrte Geist, auf dem Deckel aber prunkt in großen Lettern ein Name und leuchtet durch alle Zeit. Die Büchersammlungen der Nationen sind Bibliotheken ungenossenen Geistes.

Wer könnte auch Alles lesen? lautet die allgemeine Antwort. Sie hätte vollkommen Recht, wenn die sogenannte „Bildung" mit jener Resignation sich begnügte. Zwar ist des Außerordentlichen, welches der menschliche Geist hinsichtlich der Poesie und der künstlerischen Gestaltung durch das Wort hervorgebracht hat, nicht so viel, es ist nicht so voluminös, daß der Einzelne den verhältnißmäßig geringen Umfang nicht durch aufmerksames Lesen, durch wirkliche Aufnahme in das Denken und in das Gemüth völlig bewältigen könnte; allein dieser Einzelnen selbst gibt es nicht viele, keineswegs aber in der Anzahl, daß sie ein Volk, eine Allgemeinheit bilden würden. Die Menschen sind Sclaven des

Lebenszwanges, den ihnen die Natur in Gestalt einer unver=
nünftigen Lebenslust eingepflanzt hat, und dieser Zwang fordert
Arbeiten, Thätigkeiten und — Zerstreuungen, welche die wirkliche
Aufnahme des vom menschlichen Geiste aus dem Innersten seines
Räthsels heraus Geschaffenen, vor Allem aber das Nachdenken
darüber, ohne welches das Aneignen desselben nicht möglich ist,
durchaus nicht zulassen. Fast Jeder hat einen Pflug, hinter welchem
er angestrengt einhergehen muß, um sich Brod zu schaffen, und
Niemand kann dem ackernden Bauer zumuthen, in der einen Hand
die Peitsche und in der anderen den Homer zu halten und sich
mit Beiden zugleich nutzbringend zu beschäftigen. Der Mensch also,
dessen Pflug nicht speciell die geistige Thätigkeit ist, hat, wie ge=
sagt, vollkommen Recht, wenn er sagt: Wer kann Alles lesen?

Unrecht hat er nur, wenn er diesem natürlichen Mangel einer
Erforschungskraft und Aufnahme der Einzelleistungen des Geistes
durch eine nur zu allgemein verbreitete Bildungsheuchelei abzuhelfen
sucht. Ihr dienen namentlich die Literaturgeschichten, welche an=
geblich in Kürze zusammenfassen, zu rascher Aneignung, was im
Einzelnen zu ergründen eine ganze Lebenszeit in Anspruch nähme.
Dabei wird ganz verkannt, daß die Literaturgeschichte ihren Ruhm
dareinsetzt, das zu irgend einer Zeit bedeutsam Hervorgetretene
und seitdem längst Verschollene der angestrebten Vollständigkeit
wegen auch in sich aufzunehmen. Wollte man der Sache auf den
Grund sehen, so fände man, daß das Studium, das gewissenhafte
Behalten des Inhalts einer Literaturgeschichte weit mehr Zeit

und vor Allem weit mehr Anstrengung des Gedächtnisses erfor=
dert, als das Studium jener verhältnißmäßig an Zahl geringen
Werke, die bleibenden literarischen Werth haben und zugleich ein
Product und Signalement der geschichtlichen Epoche sind, aus
der sie hervorgingen.

Einst wurde in einem Witzblatt der Vorschlag gemacht,
ein Verzeichniß der sämmtlichen in europäischen Galerien und
Kunstsammlungen vorhandenen Gemälde abzufassen und zugleich
zur Namhaftmachung jedes einzelnen Bildes hinzuzusetzen, was man
dazu sagen soll. Diesen Spaß verwirklichen die Literaturgeschichten
in vollem Ernste, ohne den Unsinn ihrer Aufgabe auch nur zu
ahnen. Sie trichtern dem Leser die Urtheile des Verfassers ein,
seine Meinungen und „Weltanschauungen", und der arme, mensch=
lich gebrechliche Leser, der ebenso gern Alles wissen, als ungern
Alles selbst studiren möchte, ist nun vollkommen in Kenntniß
gesetzt, was er über die Bücher der Weltliteratur zu sagen hat
und fühlt sich „gebildet". Darüber geht nun verloren, was der
einzige und eigentliche Zweck alles Bücherlesens ist: die Erweite=
rung des Geistes, die Erhebung des Gemüthes, kurz, der Genuß
der Poesie und der ihr verwandten Bethätigungen des Witzes und
des Humors. Welches Ergötzen bereitet beispielsweise Jonathan
S w i f t, wenn man ihn selbst liest und wen bringt er in der
Vermittlung durch die Literaturgeschichte zum Lachen?

Schon wenn er das Schicksal von zwei Geistlichen be=
schreibt und von demjenigen, der sein Glück macht, erzählt, daß

er niemals etwas Unterhaltendes las, z. B. Schauspiele, und sich mit außerordentlicher Würde auf fremde Kosten betrinken konnte, haben wir den Satyriker Swift leibhaftiger vor Augen, als in irgend einer literaturgeschichtlichen Recapitulation. Nun bedarf es allerdings zum Verständnisse von Schriftstellern aus einem vergangenen Jahrhundert der historischen Kenntniß ihrer Zeit; allein das Gewand, unter welchem wir allein einen Dichter seiner Bedeutung nach erkennen, wird nicht von den subjectiven Ansichten des Literaturhistorikers, nicht von individueller Gedankenspinnerei gewebt, sondern es ist einfach die Weltgeschichte mit ihren nackten Vorgängen und Geschehnissen, die den Schlüssel zum Verständniß bietet.

Der innere Zusammenhang aller Dinge dieser Welt, — so daß man das Kunststück machen könnte, aus dem unbedeutendsten Ereignisse des heutigen Tages einen Weg zu den wichtigsten Vorgängen des Alterthums zu finden, — dieser Complex der ganzen Schöpfung, die nur für die Einsicht des Sterblichen in verschiedene Zeiten und Räume zerfällt, könnte auch leicht von dem einzelnen Satyriker Swift zu dem englischen König Heinrich VIII., zur Begründung und wahren Beurtheilung der anglikanischen Hochkirche zurückführen. Sie war vielleicht nothwendig, um einen Swift zu erzeugen, und es kömmt nur auf eine beliebige Weltanschauung des Einzelnen an, ob er nicht beide Ereignisse für gleich erheblich, ja vielleicht die Existenz eines Swift für wichtiger halten will, als die Geschichte Heinrich's VIII.

Jonathan Swift war geistlichen Standes und hatte nach mühseligen Kämpfen und Enttäuschungen und nachdem er, bald Whig und bald Tory, die Aussicht auf sein höchstes Ziel: den Bischofssitz, verloren, durch die Gnade der Königin Anna die Würde eines Dechanten von St. Patrick erlangt. Der Bischofssitz selbst war ihm von der Königin verweigert worden; sie konnte die religiöse Libertinage nicht verwinden, die sich so ergötzlich in Swift's Märchen „Tale of the Tub‘ aufbaute. Die Kenntniß des Märchens selbst möchte ich meinen Lesern nicht durch Betrachtungen darüber ersparen; ich muß jedoch aus dem Grunde dabei verweilen, weil sich der eigenthümliche schriftstellerische Charakter des Satyrikers in keinem seiner Werke ungebändigter hervorhebt. Das Werk ist zwar mehr Allegorie als Märchen, aber es erklärt, indem es seinen Spott über alle Confessionen, die damals in England herrschten oder zu herrschen suchten, gleichmäßig ausgießt, das fessellose Genie des Schriftstellers, seine über alle ethischen Forderungen an einen Charakter hinausgehende Zügellosigkeit. Ich verrathe aber zu diesem Zwecke nur so viel, daß die drei Söhne, Peter, Martin und Hans, die vom Vater ein „Testament‘‘ erben, den Stuhl St. Petri, Martin Luther und den Calvinismus bedeuten. Nun möge man selbst zusehen, wie es den Erben des Testaments ergeht und was sie treiben und wie besonders die Charakteristik Peters sich mit der Weltgeschichte deckt.

Das Kleinste, wenn man seinen Zusammenhängen nachforscht, führt, wie schon bemerkt, zu den wichtigsten Epochen der

Menschheit zurück. Man kann den geistlichen Swift, eine Kleinigkeit, nicht verstehen, ohne von einer Großartigkeit, von der Entwicklung der anglikanischen Hochkirche Kenntniß zu nehmen. Was ist überhaupt klein oder groß in dieser närrischen Welt, närrisch freilich nur für unsere menschliche Unfähigkeit, die Nothwendigkeit alles Geschehenden zu durchschauen und dadurch den Sinn des Ganzen mit einem Male zu begreifen? Ganz zufällig, scheint es, denn es hätte auch anders sein können, war Heinrich VIII. ein Nero und ein Don Juan zugleich und liebte es, zwei Möbel, die sonst gar keine Beziehung zu einander haben, hart nebeneinander zu stellen: das Brautbett und das Schaffot. Um eines Weibes willen, das zu heiraten ihm der Katholicismus verweigerte, zerfiel er mit dem Papst. Dies geschah schon in der ersten Hälfte des sechzehnten Jahrhunderts, und nachdem die außerordentliche Weisheit der Königin Elisabeth stetig weitergebaut hatte, war zu Anfang des siebzehnten Jahrhunderts die anglikanische Hochkirche fest begründet.

Erwägt man die Geschichte Englands, so ergibt sich, daß es trotz rasch vorübergegangener Religionskämpfe und Revolutionen im siebzehnten Jahrhundert, welches so viele Thronwechsel und Hinrichtungen sah, doch gerade durch die Institution der Hoch= kirche ein Eiland in der Geschichte blieb, ähnlich seiner geogra= phischen Lage. Immer wurden die kirchlichen Angelegenheiten durch die Tüchtigkeit, durch den vorherrschenden Verstand parla= mentarischer Einwirkungen geschlichtet und für die Dauer be= friedigend befestigt. Man könnte im Verhältniß zur Geschichte des europäischen Continents während desselben Zeitraumes, in welchen der 30jährige Krieg fällt, kühn behaupten, der Unterschied lasse sich in einem ganz einfachen Gegensatze feststellen, bis zum heutigen Tage nämlich hat sich auf dem Continent entweder der Jesuitismus oder der protestantische Pietismus zur hauptsächlichsten Bewegungskraft zu machen versucht — und man braucht als Beispiel für die neueste Zeit nur einerseits an das Centrum im deutschen Reichstag und andererseits an das protestantische Muckerthum bis herab zu Stöcker zu denken. Kurz gesagt, auf dem Continent haben stets die religiösen Interessen das unberechtigte Bestreben an den Tag gelegt, den Staat und seine bürgerlichen Verhältnisse zu construiren, während im einfachen Gegensatz dazu in England stets der Staat es war, welcher die religiösen Angelegenheiten gestaltete, soweit sie durch ihre äußerlichen Institutionen in das Leben der Nation eingriffen.

Ich wiederhole: was ist klein, was groß in dieser närrischen Welt? Eine einzige Individualität, sei sie auch noch so genial, ist doch nur eine Kleinheit gegenüber dem großen Weltganzen, und dennoch muß ich mich beherrschen, um nicht die ganze Geschichte Englands bis zum Jahre 1745, dem Todesjahre Jonathan Swift's, mit Hilfe der Betrachtung dieser einzelnen Persönlichkeit zu demonstriren. In Anastasius Grün's herrlicher Dichtung „Schutt" betrachtet ein Staatsgefangener der Republik Venedig das Vöglein, das sich auf das Fenstereisen des Kerkers setzt, eine Purpurbeere im Schnabel. Der Gefangene muß an den Baum denken, von welchem die Beere stammt, an den Wald dieses Baumes, an die Felder, die den Wald umsäumen, an den Strom, der durch die Felder geht, an das Meer, in das sich der Strom ergießt, an die Länder, die es umgeben, und sieht zuletzt in dem Vöglein einen gewaltigen Vogelriesen, der ihm die ganze Weltkugel, als wäre sie nur eine winzige Beere, in den Kerker gebracht hat.

Groß und Klein sind nichts Wahrhaftiges, wenn auch etwas Wirkliches, sie sind nur Anschauungen und Begriffe, die der Subjectivität der Menschen innewohnen.

Dies ist auch im Grunde der ganze Sinn und Humor des Romanes „Gulliver's Reisen", des Werkes, welches zu seiner Zeit von ganz England gelesen, nach und nach von ganz Europa bewundert, Jonathan Swift die literarische Unsterblichkeit verliehen hat. Gulliver, ein erwachsener Mann von natürlicher Größe, gelangt nach Lilliput zu den Däumlings-Menschen, denen er als niegeschauter Riese erscheint. Wie klein ist Alles, was diese Zwerge umgibt! Ihre Häuser, ihre Bäume, ihre Möbel ꝛc. hätten unter einem Stiefel Platz — und doch sind ihre Institutionen, ihre politischen und religiösen Bestrebungen dieselben wie in jedem natürlichen Lande. Wie klein ist aber dies Alles! Groß ist nur der Humor, der sich aus dem burlesten Einfall ergibt, und dieser Humor ist noch größer, als die ungeheueren Riesen von Brobdingnag, wohin Gulliver aus Lilliput verschlagen wird. Hier erscheint der gewöhnliche Mensch so klein, daß ihn der König dieſes Landes zu ſeinem Hofzwerg macht — aber die monſtröſe Größe der Bewohner iſt doch etwas Kleines, nämlich das Ueber= wiegen des todten ſinnlichen Körpers im Verhältniß zu der wahren Größe, zum unſterblichen Leben des Menſchengeiſtes.

Der Ruhm dieſes Werkes ſoll nicht zum Leſen und zur erheuchelten Bewunderung desſelben verleiten. Es enthält unſäglich langweilige, troſtloſe Steppen, auf denen nur Anſpielungen und Beziehungen wachſen, die heutzutage kein Menſch mehr verſteht, der nicht ein beſonderes gelehrtes Studium auf die Erforſchung des Werkes verwendet. Gänzlich ungenießbar wird ſogar die Satyre in den ſpäteren Reiſen Gulliver's, weil ſie ſich gegen Disciplinen der menſchlichen Erkenntniß richtet, deren Auswüchſe zur Zeit des Dichters herrſchend waren, für das neunzehnte Jahrhundert aber unverſtändlich geworden ſind.

Feindſelig und erbittert gegen das Menſchenthum überhaupt ſchließt das Werk, und lehrreich iſt dieſer Schluß nur inſoferne, als er von der Vereinſamung und dadurch bewirkten Verwilderung eines großen Genies Zeugniß gibt, eines Menſchen, der ſeiner ganzen außerordentlichen Natur nach nicht in das allgemeine Menſchenthum ſich finden konnte, die Schuld aber nicht ſich ſelbſt, ſondern eben dem Menſchenthum beimaß. Mit einem Worte: es fehlte Swift, ſeinem Leben, das treulos zwiſchen den entgegen= geſetzten politiſchen Parteiungen umherſprang, wie ſeinem Genie die ethiſche Ausgleichung, die normale Grundtendenz, ohne welche weder die ausgelaſſenſte Satyre, noch das Kunſtwerk überhaupt auf die Dauer des Menschen würdig und ihm werth erscheinen kann.

Nicht durch die Literaturgeschichte ist ein Dichter richtig zu erkennen, geschweige denn zu genießen; es ist, als ob man ein Musikstück in Worte übersetzte und von diesen die Klangwirkung der Composition erwartete. Selbst muß kauen, wer sich nähren will; wir müssen durch eigenes Lesen und Nachdenken in uns verarbeiten, was ein Gewinn der Seele bleiben soll. Literatur= geschichten, wenn sie nicht einfach das Register der in einer bestimmten Zeit erschienenen, berühmten Druckschriften und höchstens noch biographische Mittheilungen sind, wenn sie die subjectiven Ansichten ihrer Verfasser für weltgeschichtliche Resultate ausgeben, dienen nur der vielverbreiteten literarischen Heuchelei, welche eine Bewunderung lügt, die sie nicht empfindet, und ein geistiges Verständniß, das sie nicht besitzt.

Verschieden von Literaturgeschichten sind Urtheile und Monographien, bedeutende Männer betreffend und wieder von bedeutenden Männern ausgehend. Das laufende Jahrhundert brachte in dieser Beziehung über Swift Niederschriften von Grillparzer und Walter Scott. Die des Ersteren sind interessant und lehrreich, nicht so sehr hinsichtlich Swift's, sondern in Rücksicht auf Grillparzer selbst, indem sie die am meisten ihn charakterisirende Art der Beurtheilung hervorleuchten lassen. Er war stets gewohnt, ein Kunstwerk rein als solches zu betrachten und dasselbe daher aus allen Umständen loszulösen, mit welchen

Zeit, politische Lage und der historische Moment begleitend oder veranlassend das Kunstwerk umgaben. Dieser schönen und edlen Gepflogenheit konnte er umso ungehemmter nachhängen, als eine Veröffentlichung seiner bezüglichen Meinungen und Urtheile himmelweit von seiner Absicht entfernt lag. Ohne Ehrgeiz und ohne äußeren Zweck verzeichnete er seine literarischen Eindrücke in seinen Tagebüchern, was diese Monologe schon an und für sich zu einem Hochgenuß macht, zu Bekenntnissen eines einsamen Mannes, die wieder nur der einsamen Selbstbetrachtung dienen sollen. Dennoch enthalten namentlich seine Bemerkungen über Swift, in einer Reihe von Jahren nach und nach aufgezeichnet, so seine Betrachtungen, als hätte er beabsichtigt, vor der Welt damit zu glänzen. Ich hebe für meinen vorliegenden Zweck nur die folgenden Stellen heraus, die einerseits den allgemeinen Eindruck des Satyrikers auf unserem Dichter bezeichnen, andererseits das relativ Kleine und relativ Große verdeutlichen.

„1822. Etwas rein Witzigeres als die Vorrede Swift's zu seinem Märchen von der Tonne ist wohl noch nicht geschrieben worden" . . . „Der Anthropomorphismus der Phantasie zeigt sich unter Anderem auch beim Lesen von Gulliver's Reisen, da, wo er im Riesenlande sich befindet. Um die Eingeborenen nur nicht über alles Maß ungeheuer denken zu müssen, stellt man sich Gulliver, von dem wir doch wissen, daß er in unserer Größe war, als einen fingerlangen Däumling vor." . . . „Wie kommt's, daß beim Betrachten des Kupfers zu diesem Theil der Reise ich mir die umherstehenden Brobdingnager als Menschen von gewöhnlicher Größe denke, Gulliver aber als einen Zwerg; statt diesen für einen Menschen von gewöhnlicher Statur und jene für Riesen, wie sie es doch wirklich sind. Vielleicht weil wir gewohnt sind, Zwerge zu sehen (die Kinder), Riesen aber nicht" . . .

Grillparzer füllt sein Tagebuch noch mit vielen Seiten über Swift, allein das Angezogene genügt für die vorliegende Betrachtung. Ebenso enthalte ich mich, auf die Mittheilungen Walter Scott's über Swift des Nähern einzugehen, allein schon die Erinnerung an den großen Romandichter fordert dazu auf, einen Blick auf den Lebensroman Swift's zu werfen. Selten ist es, daß in einem Manne die Gabe sprühenden Witzes, zersetzender Satyre und einer Alles zermalmenden Schärfe des Urtheils mit einem Herzen gepaart wäre, welches ein weiches sein muß, um der äußersten Raserei der Liebesleidenschaft fähig zu sein. Dies ist im Charakter Swift's fast ein ebenso großes Räthsel, wie es die Doppelliebe ist, der er verfiel und deren thatsächliche Motive und Lebenswendungen ein ewiges Geheimniß bleiben werden. Während Swift in London eine große Rolle als politischer Parteigänger spielte, hatte er in Irland eine Geliebte zurückgelassen, Esther Johnson, die durch ihn unter dem Namen Stella berühmt geworden ist. Glühende Briefe und ausführliche Tagebücher richtete er an sie — bis ihn plötzlich eine neue Liebe erfaßte. Die Tochter einer Mrs. Vanhomrigh war ihm mit Leidenschaft entgegengekommen, bevor er sich selbst seiner

Liebe zu ihr ganz bewußt war. Das Mädchen ist von ihm Vanessa genannt worden.

Als ihn seine politischen Lebenswendungen zwangen, nach Irland zurückzukehren, stand natürlich Stella wieder im Vordergrunde seiner Gedanken. Er erklärte Vanessa, daß er sie nicht heiraten werde und sie verlassen müsse. Das Mädchen aber folgte ihm nach Dublin und wollte ihn nicht aufgeben. Er war inzwischen auch mit Stella uneinig geworden, wie denn ein fortwährendes Schwanken zwischen beiden weiblichen Wesen die Seele dieser Tragödie ist. Stella hielt ihm vor, daß sie ihm ihre Stellung, ihre Ehre, die Achtung der Welt geopfert hatte, und verlangte, daß dies Alles durch die Heirat mit ihr gutgemacht werde. Er willigte endlich ein, aber unter Bedingungen, welche das eigentliche, stets unaufgeklärt gebliebene Geheimniß der Geschichte bilden. Sie sollten getrennt wohnen und die Welt niemals etwas von der Heirat erfahren. Vanessa aber erfuhr dieselbe, sie wendete sich selbst an Stella und die Folge war, daß diese sich auf das Landgut eines Freundes begab, um fortan von Swift getrennt zu leben. Von Racheluft erfüllt, trat er Vanessa entgegen, und der Auftritt bewirkte, daß Vanessa vom Nervenfieber ergriffen wurde und starb. Stella kehrte hierauf nach Dublin zurück, aber im Innersten gebrochen, wurde sie bald das Opfer ihres Schicksales — Swift hatte auch sie in die Erde zu legen.

Gleicht es nicht selbst einer Satyre, welche das Verhängniß an das Leben des Satyrikers knüpfte, daß die innersten

Motive dieser seltsamen Geschichte der neugierigen und schwatz=
lustigen Welt immerdar verborgen blieben, die Gründe, aus
welchen Swift seine Ehe mit Stella in undurchdringliches Ge=
heimniß gehüllt wissen wollte? Es ist viel darüber gefabelt
worden, unsinnige und unnatürliche Voraussetzungen sind zur
Erklärung ausgeheckt worden, aber die thatsächlichen Beweise
dafür haben sich nicht gefunden. Swift überdauerte seine Doppel=
liebe und die Opfer derselben noch lange Zeit, er starb erst im
78. Lebensjahre in einem Geisteszustande, der sich schon viel
früher eingestellt hatte und nicht völliger Wahnsinn war, jedoch
seine Persönlichkeit und was er noch zu Papier gebracht, unge=
nießbar gemacht hatte.

„In seinen P a m p h l e t e n" -- ich lasse dem Uebersetzer des
„Testaments" das Wort — „erhebt sich Swift zu einer einsamen
Höhe über den politischen Wolken, auf welche ihm blos Junius
nachgefolgt ist. Seine Flugblätter sind Brandschriften im eigent=
lichsten Wortsinne — Brandraketen, aber mit Dynamit, nicht mit
gemeinem Knallpulver geladene. Der Styl ist wuchtig, monumental,
überall von größter Klarheit. Dieser Mann Gottes ist der
grausamste Vivisector, der jemals gelebt hat. Am Lebenden
beginnt er die Demonstration und beendet sie am Cadaver. Mit
eisiger Ruhe und unerbittlicher Logik geht er dabei zu Werke.
Die convulsivischen Zuckungen seiner Opfer ignorirt er voll=
ständig — er kennt das, es gehört dazu — und demonstrirt
unbeirrt weiter. Ihm ist es immer um die Sache zu thun und die

Menschen sind für ihn Sachen, Objecte, Präparate. Kein Scalpell hat jemals tiefer in's todte Fleisch geschnitten, als die Feder von Jonathan Swift in's lebende. Bezeichnend ist das ärgerliche Lob, welches der Kritikus Samuel Johnson ihm spendet: „Nicht einmal ein Bild wagt er — der Vagabund!" (rogue) —

Im vorigen Jahre, 1895, hätte zur 150. Wiederkehr des Todestages Jonathan Swift's die nachfolgende Uebertragung einer seiner berühmtesten Dichtungen herauskommen sollen, konnte aber zur angegebenen Zeit jedoch nicht vollendet werden. Besser, wenn sie gut und reif zu spät erschiene, als mangelhaft zur Zeit.

Swift's „Testament" war im Jahre 1731 geschrieben und wurde veranlaßt durch die Maxime von La Rochefoucault:
»Dans l'adversité de nos meilleurs amis nous trouvons toujours quelque chose qui ne nous déplait pas.«

Dem Uebersetzer lag die beste Gesammtausgabe vor: London 1768, revidirt von John Hawkesworth, in 12 (mit Briefen und Supplementen in 25) Bänden. Das „Testament" steht im Band VI. Die Uebersetzung, die erste vollständige in's Deutsche, wäre eher freie Nachbildung zu nennen. Vor Allem lag dem Uebersetzer daran, den Ton zu treffen. Das Ganze soll sich lesen, als ob Swift, ein Deutscher, es deutsch gedichtet hätte. Nur in einzelnen Fällen hat die Uebertragung sich entschlossen, treuer zu sein, dort, wo die Form nicht lose flatternde Hülle, sondern die Haut des Gedankens, wo sie organisch mit ihm verwachsen ist. Mehrmals wurde die Eleganz der Prägnanz geopfert, immer aber nur, wenn das Opfer sich lohnte. Alles schwerer Verständliche, persönliche Anspielungen, unbekannt klingende Namen sind, um den Fluß der Lesbarkeit nicht zu hemmen, aus dem Text in die angehängten Noten verwiesen, wo über all das gewissenhafte Rechnung gelegt wird. Nichts Wesentliches geht dem Leser verloren. Die Erläuterungen, in welchen ein ziemliches gelehrtes, aber hoffentlich nicht allzulangweiliges Material aufgespeichert erscheint, sollen ein treues Bild der literarischen und politischen Verhältnisse wiederspiegeln.

Somit gibt das vorliegende kleine Werkchen dem Leser genugsamen Anlaß, sich in das geistige Fluidum zu vertiefen, welches die Menschheit in allen Jahrhunderten der Civilisation, wenn auch nur in ihren hervorragendsten Geistern, elektrisch durchzuckt und durchleuchtet hat. Wie auch Zeit und Verhältnisse wechseln, politische und sociale Bestrebungen sich verändern — durch alle Wandelbarkeit hindurch schimmert das Ewige im menschlichen Geiste und Gemüthe, und es läßt sich umso leichter, weil unbefangener, erkennen und genießen, wenn die materiellen Zustände, die zufälligen und vergänglichen, aus denen das Ewige hervorgegangen ist, längst dahingeschwunden sind, weil unsere irdischen Interessen, unsere Leidenschaften vom geschichtlich Begrabenen nicht mehr erregt werden können und folglich ungetrübt der Geist dem Geiste sich zuwendet.

Verse auf den Tod des Dr. Swift.

Veranlaßt durch die Maxime des La Rochefoucault:

„Im Unglück unserer besten Freunde finden wir immer etwas, das uns nicht mißfällt.“

Geschrieben im November 1731.

Jonathan Swift.

(Nach dem der Swift-Biographie von Thomas Sheridan,
London 1787, beigegebenen Titelkupfer.)

`

Da Rochefoucault Maximen zog
Aus der Natur, die nie ihn trog,
Und wo Verwerfliches er weist,
Liegt auch der Fehl in uns zumeist.

. . Die Regel mehr, als all der Rest,   5
Zu niedrig uns erscheinen läßt:
„Bei seiner Freunde Mißgeschick,
Freut man sich erst am eig'nen Glück,
Und die Natur hat's klug bestellt,
Daß etwas d'ran uns nicht mißfällt."   10

Wenn dies vielleicht Euch tief empört,
Was Praxis und Vernunft spricht — hört!

Der blasse Neid am Menschen nagt,
So ihn sein Nächster überragt.
Liebt Jeder nur den Freund so sehr,　　　15
Wo stammt dann, sagt! sein Aerger her?
Den höher'n Stand begehr' ich dreist
Und wenn's um einen Zoll nur heißt.
Und hörst Du, daß in einer Schlacht
Ein kühnes Heldenstück vollbracht,　　　20
Der, dem Du herzlich zugethan,
Den Feldherrn schlug, gewann die Fahn',
Bist, Uebertrumpfter, Du entzückt,
Gönnst neidlos, daß er Lorbeern pflückt? —
Dein bester Freund, zwickt ihn die Gicht,　　25
Reckt sich in Pein — Du hast sie nicht.
Hörst ächzen Du den armen Mann
Trägst Du's geduldig — geht's Dich an?

Der Herr Poet wird roth und bleich
Vor Zorn, kommt ihm ein And'rer gleich,　　30
Und wenn er gar ihn übertrifft
Wünscht er ihm grollend Dolch und Gift.

Gilt's, eig'nen Vortheil zu verlassen,
Wird Liebe Neid, Geneigtheit Hassen;
In Stolz die Freundschaft sich verkehrt,   35
Wenn ihr Geschäft so besser fährt!

Eitles Geschlecht! Phantast'sche Rasse!
Verschied'ner Narrheit bunte Masse!
Selbstliebe, Ehrgeiz, Stolz und Neid
Macht sich in allen Herzen breit.   40
Wenn Andern Reichthum, Macht und Zier
Man gibt, so ist's ein Raub an mir,
Dem Titel nicht noch Anspruch winkt;
Doch steig' ich, wenn mein Nachbar sinkt.
Nicht kann in Pope ein Wort ich lesen —   45
„Wär's", seufz' ich, „doch nur mein gewesen!"
Er legt in einen Vers mehr Sinn,
Als je bei mir in sechsen d'rin,
Und Eifersucht mich fluchen heißt:
„Hol' Dich der Fuchs sammt Deinem Geist!"   50
Daß Gay, ein scharfer Humorist
Gleich mir, mich aussticht, widrig ist.

Arbuthnot kann mein Freund nicht bleiben,
Seit er ironisch wagt zu schreiben.
Geboren für die Ironie,   55
Schuf i ch sie neu und übte sie.
St. John so gut wie Pulteney weiß,
Wie meine Prosa stand im Preis.
Doch seit verdrängt mich diese zwei,
Sind mir Minister einerlei.   60
Sie kränkten meinen stolzen Sinn,
Bis daß ich schmiß die Feder hin.
Gesegnet mit so reichen Gaben,
Will ich sie d'rum verachtet haben!

Lieb Glück! Schenk' Gunst blos meinen Feinden,
Doch nie und nimmer meinen Freunden.
Der erste Fall läßt kühl mein Blut,
Im zweiten berste ich vor Wuth.

So weit das einleitende Wort,
Ich fahre im Gedichte fort.   70

Die Zeit ist nicht mehr fern', wo ich
Zum Sterben werde rüsten mich.
Die Freunde, schon seh' ich's voraus,
Die finden ihren Vortheil aus
Und sinnen, geht's auch nicht so leicht,   75
Was man dadurch wohl Gut's erreicht?
Mich dünkt, ich höre so sie sprechen:
„Seht, ach, des Dechants Leibgebrechen.
Der arme Herr! Es geht zur Neigen,
Sein Antlitz spricht beredt im Schweigen.   80
Der Schmerz im Kopf ihn arg bedroht,
Verläßt ihn nicht, bis er nicht todt.
Wie sein Gedächtniß nur verfällt!
Was just er sprach, er kaum behält.
Die Freunde merkt er sich nur schwer,   85
Wo jüngst er aß, nicht weiß er's mehr.
Wie er uns mit Geschichtchen quält,
Die er an fünfzig Mal erzählt!
Wer hielte still auf seinem Sitze,
Hört er die vorweltlichen Witze?   90
Mit jünger'n Leuten muß er's wagen,

Die für's Glas Wein derlei vertragen.
Kürzt er das Zeug nicht ordentlich,
So such' er neue Hörer sich.
Im Halbjahr zwei Mal jede Mähr? —   95
Da sollten neue Scherze her!

Die Poesie ist ihm verraucht,
Zum Reim er eine Stunde braucht,
Das Feu'r erlosch, der Witz verfiel,
Die Phantasie ein leeres Spiel —   100
„Wirf fort die Feder!" hört man Jeden, —
Doch er läßt sich nicht überreden."

Dann machen sie in zartem Sinn
Mich noch weit älter, als ich bin:
„Er gibt sich jünger, 's ist 'ne Schand,'   105
Der Karl den Zweiten noch gekannt.
Verträgt kaum ein paar Gläser Wein,
Das kann kein gutes Zeichen sein.
Vor'm Jahr war er noch voll und rund —
Heut' scheint sein Magen nicht gesund --   110

Und nunmehr geht es abwärts sacht,
Kaum, daß er's bis zum Frühjahr macht." —
Sie täuschen sich darin erst recht,
Es steht mit uns noch nicht so schlecht.

In Tropen spricht man also oft, 115
Sagt, daß man fürchtet, was man hofft.
Den größten Schmerz, kaum zu ertragen,
Dein Freund wird ihn — zu fürchten wagen.
Bei aller falschen Traulichkeit
Wünscht er, daß wahr er prophezeit. 120
Fragt er: „Wie steht es?" „Leider schlecht."
Ist es im Grunde ihm nur recht.
Hört er: „Gottlob, heut' geht es gut",
Ist lang er nicht so frohgemuth.
Wer richtig prophezeit, beweist 125
Den Andern dadurch seinen Geist:
„Das Schlimmste fürchtet' ich, ihr wißt,
Zu erst und sagte, wie es ist."
Damit er ja sich nicht geirrt,
Mein Tod von ihm erwartet wird. 130

Nicht Einer spricht: „Er wird gesund.“
Längst gab mich auf ein jeder Mund.

Doch, wenn dem Nachbar etwas fehlt,
Ein Schmerz ihn, gleich dem meinen, quält,
Wie manchen Boten schickt er fragen!   135
Wird auch für mich Gebetlein sagen.
„Wie meine Zeit ich zugebracht?
Was mich erleichtert? Wie die Nacht?“
Bin todt ich, klagt er mehr, ich wette,
Als all' die Schnüffler um mein' Bette.   140

Getrost, Ihr Vielgetreu'n! Fürwahr,
Ihr irrt Euch höchstens um ein Jahr,
Rennt die Prognose auch voraus —
Einmal wird's dennoch mit mir aus.

Der böse Tag. Man fragt mit Beben: 145
„Was macht der Dechant?“ „Noch am Leben.“
Man sagt die Sterbelitanei —
Er athmet kaum noch, und — — vorbei.

Eh' noch das Zügenglöcklein schellt,
Weiß schon das Neu'ste alle Welt.   150
„Bereit soll Jeder sein, zu sterben.
Wie viel blieb da? Wer sind die Erben?
Die Leut' erzählen — 's ist zum Lachen,
Man wird 'ne Stiftung dafür machen.
Dem Allgemeinen gab er's hin.   155
Was that das Allgemein' für ihn?
In Neid und Geiz und Stolz verdarb er,
Schenkt' Alles her -- doch vorerst starb er.
Fehlt's ihm an Freunden, an Bekannten?
Und seine armen Anverwandten?   160
Bereit, den Fremden wohlzuthun,
Läßt eig'nes Blut er darben nun?"

Elegisch greifen in die Saiten
Die Sänger der Gelegenheiten;
Die Blätter wenig Worte stiften,   165
Man tadelt mich und lobt die Schriften.

Die Aerzte, auf den Ruf bedacht,
Die schieben mir die Schuld zu sacht:

„Der Fall war int'ressant und nett;
Wenn Rath er angenommen hätt', 170
Gefolgt und uns Gehör gegeben,
Er könnt' noch zwanzig Jahre leben.
Es sagt's ja der Sectionsbefund:
Vitale Theile ganz gesund." —

In London wird es rasch bekannt, 175
Bei Hof erzählt: „Todt der Dechant!"
Und Lady Suffolk läuft, mit Lachen
Der Kön'gin Mittheilung zu machen.
Die gnäd'ge, gute, milde schreit:
„Ist er dahin? — es war schon Zeit!" 180

Sir Chartres schmunzelt, wird nicht trister,
Erzählt's Sir Robert, dem Minister.
„Er starb im Bett? Nicht in den Schuh'n?
Das kann", schreit Bob, „recht leid mir thun.
O, weilt' er noch in diesem Leben, 185
Ich würd' Freund Willy darum geben;
Die Mitra gönnt' ich seinem Haupt,
Würd' Bolingbroke dafür geraubt!"

Buchhändler Curll in seinem Laden
Drei Bände Swift hat — fort mit Schaden.
Wird's nöthig, neu mich zu ediren,
Läßt er die Schriften revidiren.
Wie mir, erging es Besser'n eben;
Man druckt Swift's Briefe, Nachlaß, Leben,
Erweckt, was längst zum Schlaf bestimmt,   195
Und Pope gleich mir trägt höchst ergrimmt.

Ein ander Bild! und laßt Euch sagen,
Wie meine Freunde mich beklagen.
Pope dreißig Tage trauern mag,
Gay sechs, Arbuthnot e i n e n Tag.   200

Bei Bolingbrofe will viel schon heißen
Ein Thränlein — in die Feder beißen . . .
Der Rest, sagt furz in diesem Falle:
„Sehr traurig, — sterben müssen Alle".

Gleichgiltigkeit im Weisheitskleid   205
Spielt fromm die Gottergebenheit.

Es schmilzt der Stein dahin vielleicht,
Eh' sich ein hartes Herz erweicht.
Wenn sie mich zählen zu den Stillen,
Fügt man sich in den höher'n Willen.   210

Die Narr'n, die jünger um ein Jahr
Als ich gewesen, trauern zwar.
Dies Jahr schien eine feste Wand,
Es winkt der Tod; die Wand verschwand.
Die Herzen sind erfüllt vom Schauer,   215
Vetrauern — sich in echter Trauer.

Die Freundinnen mit zartem Fühlen
Weit besser ihre Rollen spielen.
Beim Kartentisch vernimmt man's dumpf:
„Der Dechant tobt? (Was ist denn Trumpf?)
Der Herr schenk' ihm das ew'ge Leben!
(An Ihnen ist's, Madame, zu geben.)
Dechanten sechs geh'n mit der Bahr'.
(Sie spielen aus jetzt offenbar.)

Wir seh'n gewiß auch Ihren Gatten,   225
Wenn sie den treuen Freund bestatten?" —
„Madame, das Wetter ist zu schlecht;
Auch ist verjagt er, wenn mir recht.
Mylady Club nicht übel schmälte,
Wenn er auf ihrem Balle fehlte.   230
Er liebte ihn, er mocht' ihn leiden,
Doch treu'ste Freunde müssen scheiden.
Die Zeit war um, er mußte fort,
Ist hoffentlich an beff'rem Ort."

Der Freunde Tod soll man beklagen?   235
Kein Leid, das leichter zu ertragen.
Ein Jahr! Ein anb'res Bildchen her!
Kein Mensch denkt des Dechanten mehr.
Er wird so gründlich ignorirt,
Als hätt' er niemals existirt.   240
Wo ist Apollens Liebling? wo?
Dahin — die Schriften ebenso.
Sein Werk ist mitverdammt zum Tode,
Sein Witz kam einfach aus der Mode.

Provinzler Herrn Lintot beehrt,   245
Swift's Vers und Prosa er begehrt.
Lintot: „Den Namen sollt' ich kennen.
Ja, da er starb, hört' ich ihn nennen."
Er stöbert durch der Bücher Schaaren:
„Sie finden's bei den Antiquaren.   250
Montag verkauft' ich eine Fuhr
Von derlei als Maculatur.
Zu denken, so was leb' ein Jahr?
Sie sind ein Fremder offenbar?
Dem Dechant, seiner Zeit geschickt,   255
Ist ab und zu ein Reim geglückt.
Vorbei ist diese Art zu schreiben,
Mit mehr Geschmack muß man's betreiben.
Veraltet Zeug! Doch kann ich Ihnen
Mit dem, was neu erschienen, dienen.   260
Gestatten Sie mir, vorzuzeigen
Hier Colley Cibbers Festtagsreigen,
Von Duck just aus der Presse geht,
Die Ode auf die Majestät;
Dann hier ein Brief, gedrechselt sein,   265

Der soll polit'schen Inhalts sein.
Der Herrn Minister Thun betrachten,
Heißt schon so viel, als sie verachten.
Dies hat Sir Robert selbst erledigt —
Hier, Mister Henley's jüngste Predigt —   270
Die Höter haben blos die alten —
Wünscht Euer Ehr'n sie zu erhalten?" —

Setzt, ich sei todt und nehmet an,
Die Sitzung im Club „Rose" begann.
Man spräch' von jenem und von dem,   275
Bis auch an mich die Reihe käm'.

„Es war", so hör' ich, „der Dechant
Bei Hof nicht übel anerkannt;
Obgleich er steif=ironisch war,
Beschämt stand vor ihm Schuft und Narr."   280

„Ich hörte eine and're Sage;
Er war ein Tory ohne Frage.
Zuletzt — verleumdet man nicht tüchtig,
Im Oberstübchen nicht ganz richtig."

„Ihr Herrn, der „Drapier!" Habt Gebuld!
Die Nation in seiner Schuld!
Er war es, der den „Drapier" schrieb!" — —

„Ein Narr, wenn er nichts Klüg'res trieb.
Es war ja da manch beff'rer Mann;
Wer stand auf seine Feder an? 290)
Er war, wenn Ihr so wollt — belesen,
Sein Vorgeh'n ist nichts werth gewesen.
Satyren schrieb er immerzu
Und ließ die Welt niemals in Ruh'.
Ohn' Rücksicht flog da Streich um Streich, 295
Hof, Stadt und Land, — das galt ihm gleich.

Warum, wenn es nicht war Geflunker,
Verletzte Robert er, den Junker?
Auf wessen Rath hört denn die Kron',
Die stündlich rettet die Nation? 300
Stets mußte er das Schlimmste weisen:
Pamphlet, Satyre, Lügenreisen.
Sein geistlich Kleid, nicht schont er das,
Als Motte saß er drin und fraß"

„Zugeben ich am Ende mag:
Satyre ihm im Blute lag.
Entschlossen gab dies Blut er her,
Denn keiner Zeit gebührt' es mehr.
Er kannte wohl des Lasters Schliche,
Zog geißelnd es in's Lächerliche.
Ihn trifft nicht Schuld, fühlst Du die Schand',
Da er ja niemals Dich gekannt.
Soll Laster frei geh'n unentwegt,
Weil es die Herzogskrone trägt?
Als Freund mit Wen'gen nur gepaart,
Schlug er sich gern zur mittler'n Art,
Ließ Bastarde und Narr'n von Rang,
Die Lords zu spielen spürten Drang.

Wem Titel Recht nicht gibt, noch Macht,
Dem welkt die Peerschaft über Nacht.

Ein Unglück hätte er's genannt,
Wär' solchem Schuft er wohlbekannt.
Er hielt die Ehr' für ziemlich klein,
Mit einem Peer beisammen sein,

Schlich lieber sacht sich auf die Seit'
Zum klugen Mann im schlichten Kleid.
Die Bein', geschmückt mit Stern und Orden,
Sind oft geseh'n bei Chartres worden.

Decorum wahrt' er hohen Herrn,
Indem er ihnen meist blieb fern,
Befolgte David's Unterricht
Und traute Fürsten lieber nicht.
In Aerger hat ihn stets gebracht
Ein Sclav', bekleidet mit der Macht.

Zeitlebens war der Herr Dechant
Als finst'rer Misanthrop bekannt.
Dafür hielt man ihn allgemein,
War's ihm recht, kann es uns auch sein.
Nicht wollte kämpfen er hienieden,
Er war nur höchlich unzufrieden.
Hätt' man geboten ihm am Ende
Den höh'ren Platz, die reich're Spende,
Vielleicht hätt' man ihn zahm gemacht
Gleich andern Brüdern seiner Tracht.

Vielleicht vergaß er in der Noth   145
Dann der Partei — jetzt ist er todt.
Sein Nachlaß ist doch wohlverwahrt?"

„Ja, der ist sehr besond'rer Art.
In Versen wenig, Prosa meist,
Pamphlete, fliegend hoch und dreist,   150
Gekribelt in der schlimmsten Zeit,
Oxfords „Verbrechen" auch geweiht.
Die Kön'gin Anna preist er sehr —
Der Prätendent? nichts galt ihr der. —
Libelle! liest man heute das?   155
Den Hof verfolgt sein Grimm und Haß.
Vielleicht setzt er die Reisen fort,
Erlogen jedes zweite Wort,
Beleidigung loyalem Ohr —
Nicht e i n e Predigt, stellt Euch vor!"   160

Was angeht Prosa und Gedichte,
Begehrt nicht, daß ich selbst mich richte,
Noch sag', wie die Kritik sie raufte,
Ich weiß nur, daß sie Jeder kaufte!

*

Begabt, moralisch tief zu schauen,   365
Die Welt zu läutern, zu erbauen —
Und wo's ihm nimmer mochte glücken,
Muß doch die Welt in allen Stücken
Sein Lob und ihre Schmach erblicken.

Sein klein Vermögen warf er aus   370
Zum Bau von einem Narrenhaus
Und lehrt damit, daß solcherlei
Für die Nation höchst nöthig sei.
Die Furcht vor ihm ist mitverschieden,
Laßt seine Asche ruh'n in Frieden!   375

Anmerkungen.

Zur Textkritik.

Der vorliegenden Uebertragung liegt der Text der Großoctav-Ausgabe von Swift's sämmtlichen Werken zu Grunde, die John Hawkesworth, London 1768—79 veranstaltet hat und beziehen sich die sämmtlichen Hinweise auf dieselbe.

Die »Verses on the death of Dr. Swift« sind im VI. Bande enthalten. Der Supplement-Band vom Jahre 1776 gibt Seite 602 Aufklärungen und Ergänzungen. Das Gedicht war mehr Veränderungen unterworfen, als irgend ein anderes seiner Werke. Im April 1737 erschien in London ein 201 Versezeilen enthaltendes Poëm, „Das Leben und der Charakter des Dr. Swift", über welches sich der Dechant in einem Brief an Pope, vom 1. Mai des Jahres sehr beklagte. Er gab jedoch in dem Briefe zu, „ein Gedicht von ungefähr 500 Zeilen über dieselbe Maxime des La Rochefoucault geschrieben und sich lange Zeit damit beschäftigt zu haben." Es folgte erst 1738/9 eine neue, echte Ausgabe von Dr. King redigirt und im letzten Theile wesentlich gekürzt. Auch mit dieser war Swift unzufrieden und veranstaltete eine vollständige Ausgabe bei Faullner. In die Werke ist von Hawkesworth King's Bearbeitung aufgenommen worden. Unserer Meinung nach hat er nur Unwesentliches, den einheitlichen Ton des Gedichtes Störendes ausgeschieden und bei dieser heiklen Aufgabe Feingefühl und Geschmack gezeigt, weshalb wir auch nach genauer Ueberlegung uns entschlossen haben, die King'schen Kürzungen zu adoptiren und einzelne besonders markante Stellen in den Noten nachzutragen.

Vergl. die Briefe des Dr. King an Swift und Andere in dieser Angelegenheit im VI. Bande der »Letters written by the late Jonathan Swift D. D., Dean of St. Patrick's, Dublin, and several of his friends; from the year 1710 to 1742. London

1768. Vol. VI., Brief CLXXI, III, IV, V. King schreibt daselbst: „Keines Ihrer Werke ist vom Publicum besser aufgenommen worden, als dieses Gedicht. Ich bemerke dies mit besonderer Genugthuung, denn die Zustimmung des Publicums dient mir selbst als Rechtferti= gung, falls Sie mit der Form unzufrieden sein sollten, in welcher dieses Gedicht jetzt erscheint." Die Stellen, welche den Tod der Königin und die darauffolgenden Ereignisse betrafen, ließ er weg, weil er eine Anklage wegen Hochverraths befürchtete. Nun, Swlst war, wie wir bereits gehört haben, ganz hervorragend unzu= frieden mit Dr. King.

„Die Verse auf seinen Tod und die Rhapsodie über die Poesie sind die besten unter seinen poetischen Werken, obwohl sie nicht eigent= lich Poesie genannt werden können." (?) Dr. Warton's Anmerkung, Swift's Works herausgegeben von Roscoe, V. I. S. 664. „Seine Nachahmungen des Horaz und noch mehr seine Verse auf seinen eigenen Tod stellen ihn in die vorderste Reihe der angenehmen Mora= listen in Versen." Hazlitt »Lectures on the English Poets« Lect. VI. bei Allibone, Vol. II., S. 2317.

Dr. Warton's Note auch bei Swift, Edit. Scott, Vol. XIV, S. 347.

Das Motto.

Franqois Duc de La Rochefoucault, 1613 geboren, starb 1680. Seine berühmten »Réflections, ou Sentences et maximes morales« erschienen zuerst 1665.

In dieser Ausgabe findet sich die Maxime, welche Swift die Anregung zu seinem Gedichte gegeben hat, als Nr. 99. In den späteren Editionen hat der Autor selbst sie fortgelassen. Vergleiche La Roche= foucault Edition Garnier Frères, Paris o. J. S. 108, XV. Nach= druckausgaben z. B. Sammer, Wien 1796, Nr. 241, haben diese Maxime wieder aufgenommen, jedoch ohne das Wort »toujours«. Man vergleiche damit die ähnlichen Maximen Nr. 231 und Nr. 232 (Edit. Reclam Un. Bibl 678), welche beinahe als Varianten desselben Themas gelten können: „Wir beklagen nicht immer den Verlust unserer Freunde ihrer Verdierste halber, sondern unserer Bedürfnisse und der guten Meinung halber, die sie von uns hatten" und „Wir trösten uns leicht über die Unfälle unserer Freunde, wenn diese dazu dienen, unsere Liebe für sie bemerkbar zu machen." Die erste steht in der

Ausgabe von 1665, (Nr. 248) und wurde vom Autor in die folgen=
den nicht mehr aufgenommen. Bei Garnier premier Suppl. als Nr. 45
angeführt. Die zweite Maxime hat bei Garnier Nr. 235.

Swift lag vermuthlich die Ausgabe des La Rochefoucault vom
Jahre 1665 vor. Walter Scott druckt in den „Memoirs" (Zwickauer
Nachdruck S. 111) den Katalog der zur Versteigerung bestimmten
Bibliothek Swift's ab. Mit * bezeichnete Bücher hatten schriftliche An=
merkungen von seiner Hand. Es findet sich überhaupt kein Buch von
La Rochefoucault darunter vor.

Swift über La Rochefoucault.

„Ich sage dies, weil Sie so kühn sind, mir Ihre Absicht mit=
zutheilen, Maximen im Gegensatz zu denen Rochefoucault's zu
schreiben, der mein Liebling ist, denn ich fand meinen ganzen
Charakter in ihm; jedenfalls will ich ihn wiederum lesen, weil es
möglich ist, daß ich seither einigen Veränderungen unterworfen ge=
wesen bin."

Swift an Pope, Nov. 26. 1725. (The Works of Alexander
Pope Esq, with Notes by Joseph Warton, Baseler Nachdruck 1803,
S. 54).

Vergl. hiezu Herder „Briefe zu Beförderung der Humanität
(Hildburghausen) S. 150:

„Pope äußerte, daß er Maximen schreiben wollte, die Rochefoucault's Grundsätzen insgesammt entgegengesetzt wären; wogegen
Swift in noch härteren Ausdrücken den Rochefoucault als seinen
Liebling, in welchem er seinen ganzen Charakter gefunden, in Schutz
nimmt." Daselbst auch noch mehr von Herder über Swift.

Pope (Vers 45).

Alexander Pope (1688—1744), Dichter, Ueberseßer, der
Boileau Englands, Swift's Freund und Bewunderer ist ein glatter
Versificator. Seine Satyre erscheint heute matt und vielfach gequält.
Seinem Freunde Swift widmet er die „Dunciad". Die Anmerkungen
zu derselben schrieb Swift unter dem Pseudonym Scriblerus. Vergleiche
Dunciad Book I, V. 20 u. f. f.

›O thou whatever title please thine ear
Dean, drapier, Bickerstaff or Gulliver,
Whether thou chose Cervantes serious air
Or laugh and shake in Rab'lais easy chaire etc.

Unter dem Pſeudonym Iſaak Bickerſtaff ſchrieb Swift für Steeles'
„Tatler".

Pope, the prince ot rhyme, and the great poet of reason,
(der Fürſt des Reimes und der große Verſtandesdichter wurde er
ſeinerzeit genannt).

Gay (Vers 51).

John Gay (1688—1732) Dichter, Swift's Freund, ſchrieb
auf beſſen Veranlaſſung den Text zu ›The beggars-Opera‹, der
berühmten Bettler=Oper, die ihm viel Geld einbrachte. Vergleiche die
gleichnamigen Kupferſtiche des William Hogarth; ferner Hanslick
„Muſikaliſches Skizzenbuch: (Berlin, 1888, S. 258): „Die ſo viel ge-
nannte und wenig gekannte Bettleroper, ein Zwitterding zwiſchen
Ballade, Oper und Poſſe . . ." Noch 1773 ſchrieb Fielding an
Garrick, daß jede Aufführung der ›Beggars-Opera‹ die Zahl der
Diebſtähle vermehre, weshalb der Gerichtshof darauf brang, daß ſie
wenigſtens nicht an Samſtagen gegeben werde. Uns liegt eine Art
Textbuch derſelben vor, London 1754 erſchienen, das 59 Lieder,
Volksweiſen — Melodien und Texte — und die Partitur der Ouverture
von Dr. Pepuch enthält. Vergl. hierüber Hettner S. 243. Unter den zahl-
reichen poetiſchen Werken Gay's nehmen beſſen Fabeln den hervor-
ragendſten Platz ein.

Arbuthnot (Vers 53).

Doctor John Arbuthnot (1675—1735) Arzt und
ſatyriſcher Schriftſteller, Swift's Freund. Vergi. ſeine berühmte Grab-
ſchrift auf Chartres S. 58. Gab mit Pope und Swift 1714 ›Memoirs of Martinus Scriblerus‹ und 1727—32 die Miscellanies
heraus. Ueber Swift und Arbuthnot vergleiche Swiftbüchlein Seite 116
(„Politiſche Lügenkunſt"); ferner ebenda S. 249.

St. John (Vers 57).

St. John, Lord viscount Bolingbroke (1678—1751).
Hervorragender Staatsmann, philosophischer und politischer Schrift=
steller, der glänzendste Redner seiner Zeit. Er war der heftigste
Gegner des Ministeriums Walpole. Vergl. Swift's Brief an ihn,
Vol. XVI, S. 76. May 1719. Er fordert ihn darin auf, die Ge=
schichte der letzten vier Regierungsjahre der Königin Anna zu
schreiben: „Nichts könnte unterhaltender und nützlicher sein, als diese
Geschichte ganz und genau erzählt mit solchen Bemerkungen, in
solchem Styl und Geist, wie sie allein fähig sind, dies auszuführen.“
Schließlich schrieb Swift sie selbst. Es ist dies das nachgelassene
Werk, von dem er Vers 352 spricht.

Lord Bolingbroke's gesammelte Werke erschienen London, 1753/5.

„Lord Bolingbroke ist einer der glänzendsten und vielseitigsten,
aber freilich auch einer der verschlagensten Menschen, die jemals
gelebt haben. — Mit vollstem Recht hat man ihn den modernen
Alcibiades genannt. Er war ein großer Staatsmann und zugleich die
Zierde und das Entzücken der Gesellschaft; gewandt, liebenswürdig,
tollkühn, schlau und nie in den Mitteln wählerisch, wenn es sich da=
rum handelte, sich oder seinen Absichten Nutzen zu verschaffen.“

Hermann Hettner, Literaturgeschichte des XVIII. Jahr=
hunderts. Erster Theil: Die englische Literatur von 1660—1770.
5. Auflage, Braunschweig, 1894, Seite 319, 320.

Bolingbroke, der Geistesverwandte Voltaire's, dem deutschen Pub=
licum heute nur mehr aus Scribe's „Glas Wasser“ bekannt, über die
Freidenker in seinem Briefe an Swift Vol. II, S. 268—69. Deutsch
auszugsweise bei Hettner I. Th. S. 382.

Vergleiche ferner Voltaire über Lord Bolingbroke. Philosophie
Générale, Metaphysique et Théologie. Ed. Gotha, Vol. XXXIII,
Seite 158—170.

Vergleiche Lord Bolingbroke von C. v. Noorden. I. Band der
VI. Folge des Historischen Taschenbuchs. Leipzig 1882.

Ironie. (Vers 55—56.)

„Im Humor, in der Ironie und in dem Talent herunter zu
machen und zu beschmutzen, was er haßte, wissen wir uns mit der
ganzen Welt eins, wenn wir sagen, daß der Dechant von St. Patric

feinen Rivalen hat." Thackeray, English humourists (citirt bei Alli=
bone, Critical Dictionary, Vol. II, Seite 2811.)

Vergleiche auch Jean Pauls heute mit Unrecht gänzlich ver=
gessene „Vorschule der Aesthetik" §§ 37, 38:

„Swift, dieser einzige ironische Großmeister unter Alten und
Neueren . . ."

„nur Swift besaß die Kunst, eine Ehrenpforte zierlich mit
Nesseln zu verhängen und zu verkleiden am Besten."

Pulteney (Vers 67).

William Pulteney esq. (1682—1764), Staatsmann, poli=
tischer Schriftsteller; später Earl of Bath; vergleiche Swift VII,
Seite 228 On Mr. Pulteney's being put out of the council.
Written in the year 1731 :

›Sir Robert (Walpole) weary'd by Will Pulteney's teazings,
Who interrupted him in all his leasings,
Resolv'd that Will and he should meet no more:
Full in his face B o b shuts the council door.‹

Vergl. Pope über ihn. Epilog zu den Satyren, Dialog II.
Pulteney's Streitsache mit Walpole („Swiftbüchlein" S. 313).

Swift als Anekboten=Erzähler (Vers 87—96).

Vergl. Seite 606 Suppl.

›He knew a hundred pleasant stories
With all the turns of Wighs aud Tories.‹

Er scheint auf diese Geschichtchen viel gehalten zu haben.

König Karl II. von England (Vers 106).

Charles II., König von England, geboren 1630, starb
1685; Swift, 1667 geboren, kann ihn also noch ganz gut ge=
kannt haben.

„**Berträgt kaum ein paar Gläfer Wein**" (Bers 107).

Dr. King fagt, Swift trank ungefähr eine Pinte (englifches Maß) Claret nach Tifch, welches King, der felbft fehr enthaltfam war, für zu viel fand. Note von Scott. Memoirs, Zwickauer: Nachdruck Seite 119: Claret, in England Name des Bordeaux-Weines; 1 Pinte, etwas über einen halben Liter.

Schnüffler (Bers 140).

Englifch: sniv'ler, eigentlich Plärrer, Heuler, Raunzer. Berwandt mit dem deutfchen „Schnüffler".
Johnfohn Dictionaiy. Snivel: n. s. (snavel, snevel German) Snot, the ruming from the nose
Sniveller n. s. (from snivel) a weeper, a weak lamenter. Johnfon zieht zufällig gerade unfere Stelle im Dictionary bei diefem Worte an.

Grubftreet (Bers 163—64).

Im Englifchen lautet die Stelle:

>Now Grubstreet wits are all employ'd;
With elegies the town is cloy'd;‹

Grub - Street - Writers = fchlechte Poeten. Bergl. Swift, B I., Seu 53. Einleitung zum „Märchen von der Tonne": ›The writers of and for Grub-Street have in these latter ages so nobly triumphed over time . . .‹
B. VII, Seite 103. Advice to the Grub-Street-Verse-Writers. (written in the year 1726). ›Ye poets ragged and forlorn — Down from your garrets haste; — ye rhymers dead as soon as born, — Not yet consign'd to paste, . . .‹ (Auch Curl, der Buchhändler, vergl. unten, wird darin erwähnt.)
B. XIII., Seite 430. Advice to a young poet. ›Every one knows, Grubstreet is a market for smallware in wits".
B. V, Seite 280. ›unpolite historian of Grubstreet‹. Bergl. „Swiftbüchlein" S. 9.

„**Man tadelt mich und lobt die Schriften**" (Vers 165).

Diese Art der Kritik hat bis in die neueste Zeit hinein vor-
gehalten. Ein Beispiel für viele aus Lord Mahon's Geschichte von
England, Deutsch von Stegen, 1855 bei G. Westermann, Vol. S. 55:
„Swift kannte genau die gemeinen Züge der menschlichen Natur, denn
sie waren seine eigenen . . . Ich wende mich zu seinen Schriften und
meine Verachtung gegen den Menschen verliert sich so-
gleich in meiner Bewunderung für den Schriftsteller.
Welche Kraft und Lebendigkeit des Styls . . . ."

Swift und die Aerzte (Vers 167—174).

„Swiftbüchlein" Seite 461. Brief an Pulteney. 7. März 1737. „Ich
bin herzlich einverstanden mit Ihrer Meinung von Aerzten; ich habe
ihrer so manche als gelehrte, geistreiche Männer geachtet, aber von
ihrem Rath oder Recepten nie auch nur das Geringste profitirt. Und
unser armer Arbuthnot war der einzige Mensch in der Facultät, der
meinen Fall zu erkennen schien, aber ihn nicht curiren konnte. Doch
fünf Aerzte zu überstehen, jeden in seiner Art bedeutend, das war ein
Sieg, wie kein Cäsar noch Alexander sich rühmen kann".

Lady Suffolk (Vers 177).

Vergleiche über Lady Suffolk (of the bed-chamber) die Note
des „Swiftbüchleins" (von Gottlob Regis, Berlin 1847) Seite 267:
„Mistreß Howard, nachmalige Gräfin Suffolk, gescheidte, ein-
flußreiche Frau von manchen schätzbaren Eigenschaften. In ihrem
doppelten Charakter als Vertrautin der Karoline und Maitresse von
deren Gemahl, nachherigem König Georg II. (seit 11. Juni 1727),
war sie als Gönnerin und Rathgeberin mehrfach in Swift's persönliche Stellung zum Hofe implicirt, der ihr jedoch in manchen Fällen
Zweideutigkeit des Benehmens vorwirft. Eine kurze Charakteristik von
ihr findet sich unter seinen Schriften" Vergleiche Swift's Briefe an sie
vom 21. November 1730, 24. Juli 1731, 26. October 1731.
»Character of Mrs. Howard« siehe Swift, Vol. XV, Seite 425.

Königin Caroline (Vers 178—180).

Gemahlin Georg II. August, die Tochter des Markgrafen Johann Friedrich von Ansbach. Der im Original blos angedeutete Reim spleen-queen ergänzt sich von selbst. Es fehlen sechs Zeilen, die sich im Supplement Seite 602 finden:

>He's dead you say: then let him rot
>I'am glad, the medals were forgot:
>I promis'd him, I own, but when:
>I only was the princess then:
>But now, as consort of the king
>You know,'t is quite a different thing!<

Swift hatte für ihn gemachte Versprechungen ein ganz vorzügliches Gedächtniß. Nie vergaß er es der Königin, daß sie ihm als Prinzessin goldene Medaillen zu schicken versprochen und ihr Wort nicht gehalten hatte.

Swift berichtet am 22. November 1737 („Swiftbüchlein", Seite 466) an Ford den Tod der Königin Karoline.

Sir Robert Walpole (Vers 182).

Robert Walpole (1676—1745), englischer Premier-Minister, Ritter vom Hosenbandorden, 1741 Earl of Oxford; sprach im Hause der Gemeinen gegen Swift, ihn mit Namen nennend; er verschmähte es nicht, die elendsten Federn zu miethen und sie freigebig zu besolden. Als Treasurer of the navy (Marineschatzmeister), Anhänger Malborough's; eifrig für die hannover'sche Succession thätig; erbitterter Gegner Bolingbrole's und aller Tories; gewandter Finanzmann und geriebener Politiker bestach und ließ sich bestechen. Wiederholte Male angeklagt, nach dem Tower gebracht (1711) aus dem Unterhaus ausgeschlossen, aber immer bald wieder obenauf. 1855 wurde ihm in Westminster-Hall ein Denkmal errichtet.

„Sir Robert Walpole predigte gleich einem unverschämten Missionär des Lasters laut und beständig die Bestechung". (Bolingbrole.) Der Haß des Vaters gegen den Dechanten ging auch auf bessen Sohn Horace Walpole über: „Swift war ein wildes Thier, das die ganze Menschheit würgte und biß, weil seine unerträgliche Arroganz, Eitelkeit, sein Stolz und Ehrgeiz getäuscht wurden." (Letters, ed. 1861, 13. Jan. 1780; bei Allibone, Seite 2314.)

Willy (Vers 186).

Gemeint ist Pulteney.

Curll (Vers 189—196).

Curll Edmund (auch oft Curl geschrieben), ein niederträchtiger Buchhändler, welcher Bücher Anderer unter Swift's Namen herausgab. Wurde für einige dieser Praktiken vor das Haus des Lords citirt. (Anmerkung der Swift-Edition von 1758.) Vergleiche über Curll Pope Dunciad Book I, v. 40: »Curl's chaste press« und B. II, vv. 3. 58. 167 etc.

Dr. Arbuthnot schreibt an Swift‚ (Vol. III der Correspondenz, Seite 123‚ »Curll, (who is one of the new terrors of death) has been writing letters to every body for memoirs of his life«.

Er hatte seinen Laden in Fleetstreet »at the Bible and Dial«.

Swift setzte ihm in eigens gegen ihn geschriebenen Satyren fürchterlich zu. Vol. V. Seite 269—304.

„Läßt er die Schriften revidiren" (Vers 192).

»Revis'd by Tybbald, Moore and Cibber« hat das Original. Die Gegner Swift's, die er so oft lächerlich gemacht hat müssen seine Werke herausgeben.

Lewis Theobald (1733 Shakespeare-Ausgabe) schrieb 1726 eine heftige Streitschrift gegen den Shakespeare Pope's. Pope verfaßt die Dunciade gegen ihn. Er ist der Held der ersten Abfassung; später hin wird Cibber, der Hofpoet, der Haupthelf und löst ihn ab. Vergleiche Dunciad, B. Iv 133 und 268. Swift's „Introduction", Vol. XI, Seite 143, 4, macht sich über ihn und seine Kriecherei nicht übel lustig:

»Neither is it on lymy own private opinion, that politeness is the firmest foundation upon which loyalty can be supported: for thus happily sings the divine Mr. Tibbalds or Theobalds in one of his birth-day poems:

I am no schollard, but I am polite:
Therefore be sure, I am no Jacobite«

Hear likewise to the same purpose that great master of the whole poetic choir, our most illustrous laureat

Mr. Colley Cibber:

>Who in his talk can't speak a polite thing,
Will never loyal be to George our king.«

Cibber (1672—1757) Schauspieler, Lustspieldichter und seit 1731 merkwürdiger Weise auch poeta laureatus wird von Swift auch verspottet, Vol. VII Seite 266: On Poetry:

>Harmonious Cibber untertains
The court with annual birth-day strains
Whence Gay was banish'd in disgrace,
Where Pope will newer show his face.
Where Young must torture his invention
To flatter knaves or lose his pension.«

Moore, gewöhnlich Jemmy Moore genannt (Scott).

Chartres (Vers 181 und 327).

Chartres, Colonel Francis. Vergleiche aus William Hogarth's, Cyclus von sechs Kupferstichen: >The Harlots Progress. („Der Weg der Buhlerin".) Erstes Blatt und die vollständige Erklärung von G. C. Lichtenberg (Stuttgart, 1840, S. 224): „Wer da weiß, mit welcher Leichtigkeit Hogarth Gesichter und Formen traf, den muß es freuen, auf diesem Blatte die Physiognomie und die Figur eines der größten Scharfen aufbewahrt zu sehen, die der Grabstichel verewigt hat. . . . Nie ist wohl ein Galgen mehr beeinträchtigt worden, als an dem Tage, da diese Bestie auf dem Bette starb, 1731 im 62. Jahre. (1732, nach Gentleman's Magazine.) Die Menge schmiß todte Hunde zu ihm ins Grab. Vergleiche Pope, Moral Essays Ep. III, v. 20: Of the use of riches: „Chartres und der Teufel."

>Both fairly owning. Riches, in effect.
No grace of heav'n, or token of th' elect;
Giv'n to the Fool, the Mad, the Vain, the Evil.
To Ward, to Waters, Chartres, and the devil.«

Chartres Grabschrift.

Vergleiche Arbuthnot's, bei Pope, Swift u. A. abgedruckte Grabschrift, die wir in der Uebersetzung von Lichtenberg folgen lassen:

„Hier setzt sein, im Leben schon angefangenes Faulen weiter fort Franciscus Chartres, der mit nicht zu beugender Beständigkeit und nur von ihm allein je erreichter Gleichförmigkeit des Lebens, trotz Alter und Schwächlichkeit in steter Ausübung jedes Lasters beharrte, dessen der Mensch fähig ist, Verschwendung und Heuchelei allein ausgenommen. Vor jener sicherte ihn unerträglicher Geiz, vor dieser Unverschämtheit ohne Gleichen. So einzig er durch unwandelbare Verderbtheit der Sitten war, so glücklich war er in der Anhäufung von Reichthum, denn ohne Handel, ohne eigentliches Gewerbe, ohne Verwaltung öffentlichen Geldes und ohne eine der Bestechung werthe Stelle im Staate, erwarb er sich oder vielmehr schuf er sich das Vermögen eines Fürsten. Er war der einzige Mann seiner Zeit, der zu betrügen wußte, ohne die Maske der Ehrbarkeit, und der seine ursprüngliche Niederträchtigkeit noch beibehielt, als er schon Herr war von 60.000 Thalern des Jahrs; des Galgens würdig für das, was er wirklich that, endlich dazu verdammt wurde für Etwas, was er nicht thun konnte. Der Du dieses mit gerechtem Unwillen liesest, Wanderer, denke nicht, daß sein Leben für Dich unnütz war. Die Vorsicht ließ die verruchten Kniffe dieses Scheusals zu, künftigen Zeitaltern deutlich Beweis und Beispiel zu geben, wie gänzlich nichts unermeßlicher Reichthum in den Augen des Allmächtigen ist, da er ihn einem Manne gewährte, der vielleicht der größte Schurke war, seitdem die Welt steht."

Lichtenberg fügt dem noch hinzu, „daß der Charakter des Dr. Arbuthnot ein großer und gesetzter, und dessen Schriftstellerei nichts weniger als ein Phrasenhandel war."

Chartres. Vergleiche auch Swift=Büchlein, Seite 405. Brief der Miß Kelly, Bristol, 8. Juli 1733.

„Sich" (Vers 216).

Freiheit des Uebersetzers.

Bernard Lintot (Vers 244).

ein Buchhändler, aber anständigerer Gattung, als Curll. Er hatte seinen Laden nicht weit von dem Curll's aufgeschlagen; vergleiche Tunciad B. I, v. 40: »Lintots rubric post« und B. II, v. 53: »lofty Lintot in the Circle rose«. Auch in Pope's Briefen findet sich auf ihn Bezugnehmendes und in den weiter oben erwähnten Pamphleten Swift's gegen Curll ist auch ihm seine Rolle zugewiesen.

„Sie finden's bei den Antiquaren" (Vers 249).

Duck-lane.

„Sir, yon may find them in Duck-lane"; eine Gegend, wo alte Bücher verkauft wurden.

Colley Cibber (Vers 261).

Siehe oben.

Duck (Vers 262.)

Stephen Duck, ein unbedeutender Dichter, erst Drescher, dann Geistlicher, fand seinen Tod als Selbstmörder in der Themse. Bei Allibone S 526, Vol. I, kurze Biographie. Vergleiche »Southey's lives of Uneducated Poets.« Seine Poems with Memoirs of his life by Spence 1794, 12 mo.

„Against the Craftsman and his friend" (Vers 265)

lautet die Fassung des Originales.

»The Craftsman« (Der Handwerker), war eine Wochenschrift der Zeit, an der Swift mitarbeitete. Vergleiche Vol. XIII, S. Seite 168, 191.

„Sir Robert" (Vers 268).

Walpole.

Prediger Henley (Vers 269).

Henley John, ein schlechter Prediger (1692—1756) „dessen Predigten seinem Vaterlande Schande machten und die Religion lächer-lich." Vergl. Dunciad B III. 199.

›Henley stands,
Turning his voice, and balancing his hands.
How fluent nonsense trickles from his tongue!
How sweet the periods, neither said, nor sung!‹

Seine Biographie und ein Verzeichniß seiner Schriften finden sich im Supplement zu Swift's Werken, Seite 603.

Lintot's Anrede schließt in der Dubliner Ausgabe mit einer Anpreisung der Tractate eines gewissen Wolston, „die alle Hoffräuleins, welche des Lesens kundig sind, als Credo benützen. Moses ist nach ihm ein Betrüger."

›The reverend authors good intention
Has been rewarded with a pension.‹

Höker (Vers 270).

Johnson Dictionary: Hawker n. s. (from ›hock‹ German) Einer, der seine Waren verkauft, indem er sie in den Straßen ausruft. Die fliegenden Buchhändler des alten London.

Der Club „Rose" (Vers 273).

Rose, circle Rose, eine literarische Vereinigung, auch er-wähnt Dunciad B II. v. 53.

Von hier an (Vers 273)

ungefähr beginnt Doctor King's Redaction viel energischer zu werden und stark zu kürzen; nach unserer Empfindung und zum Vor-theile des Gedichts und seiner Wirkung. Er hat noch 102 Zeilen. Faulkner 216 Zeilen. Vergl. seine Rechtfertigung an Swift in dem oben angezogenen Briefe.

Swift bei Hofe (Vers 277).

Bei Hofe war er 1726 gut aufgenommen. XVI 417: To Francis Grant, Esq. (Merchant in London. Dublin March 23, 1733—34. ›I am out of favour at court, where I was well received, during two summers, six and seven years ago.‹

Im Jahre 1726 sah Swift die Prinzessin Caroline zweimal in der Woche über ihren eigenen Wunsch. (XII, 211) 1727, durfte er den Majestäten Georg II. und seiner Gemahlin nach der Thronbesteigung die Hände küssen.

Swift als Whig und Tory (Vers 281).

Swift war zuerst ein eifriger Anhänger der Whigs, ging um 1710 plötzlich ins Lager der Tory über. Scott, Sheriden und jüngst Collins (1894) haben es unternommen, ihn von allen Vorwürfen zu „retten".

„Dieser Wechsel hat, wie sich voraussehen ließ, Swift bitteren Angriffen von Seiten der meisten whigistischen und einiger torästischer Schriftsteller ausgesetzt — Angriffe, die umso natürlicher waren, als die Tory-Principien keinen geschickteren Vertheidiger und die Whig-Staats männer keinen erbitterteren Angreifer, als diesen früheren Whig ge funden haben. Obwohl Swift in dieser, wie in den meisten Perioden seines Lebens aus gemischten Motiven handelte, denke ich doch nicht, daß ein unparteiischer Richter ein sehr strenges Urtheil über ihn fällen wird. Es war fast unvermeidlich, daß ein junger Mann, der sich im Hause von Sir William Temple gebildet hatte, seine Laufbahn als Whig beginnen mußte und fast ebenso gewiß war es, daß ein hoch kirchlicher Geistlicher zu den Tories übergehen mußte". (Le c k y, Essays Seite 11. Deutsche Ausgabe.)

Tagebuch an Stella. S. 87. „Sie sagen hier dasselbe über mein Verlassen der Whigs; aber sie gestehen, mich nicht deswegen tabeln zu können, in Anbetracht der Behandlung, welche ich erfahren habe."

„He grew extremely dull" (Vers 283).

Anspielung auf seinen Geisteszustand in den letzten Jahren. Vergleiche Dr. Wilde: The last days of Swift.

Die letzten fünf Lebensjahre 1740—1745 verbrachte Swift in Geisteszerrüttung; 1743—1745 war er, der zeitlebens krankhaften Trübsinnsstimmungen unterworfen gewesen, vollständig stumpffinnig.

Der „Drapier" (Vers 284).

The Drapiers letters. Die Briefe eines Tuchhändlers erschienen 1723 und sind wohl die heftigsten und geistvollsten Pamphlete, die jemals gegen ein Ministerium geschrieben wurden. Sie erregten das größte Aussehen und verschafften ihrem Verfasser eine bedeutende Popularität in Irland. Die glänzende schriftstellerische Leistung verschwand hinter der patriotischen That, längst ist freilich die erstere zur Geltung gelangt. Es wurde ein hoher Preis, 300 Pf., ausgeschrieben für den, der den Namen des anonymen Autors des 4. Briefes der Regierung verrathen würde. So Viele ihn in Irland kannten, meldete sich doch Niemand.

Woods Halfpenny, um den es sich in diesen Briefen handelt, ist abgebildet bei Roscoe the Works of J. S. V. II.

In Irland fehlte es an Kupfergeld. Walpole gab einem gewissen William Wood ein Patent zur Ausprägung von 108.000 Pfund Halbpfennigstücken. Diese Maßregel wurde von den Ministern ohne Zurathziehung der gesetzlichen Factoren auf eigene Faust — im Verordnungswege, wie wir heute sagen würden, — erlassen. Der Privatmann Wood hatte es durch die Protection der königlichen Maitresse, der Herzogin von Kendal, erhalten und derselben einen Theil des Gewinnes abzugeben.

C. v. Noorden. Seite 111. Historische Vorträge, Seite 110. „Eine Ueberschwemmung der Insel mit englischen Kupfermünzen, ein Geschäft, in dessen Reinertrag sich ein englischer Finanzpächter und die Maitresse des englischen Königs theilten, bot die Gelegenheit. Mit dämonischer Gewalt des Wortes enthüllten die sogenannten Wollhändlerbriefe des Dechanten von St. Patrick die endlose Reihe der politischen Verbrechen . . . ."

Der Ausdruck Drapier (Vers 284).

enthält, was wohl bis jetzt nicht genügend beachtet worden, ein Wortspiel. Vergl. Samuel Johnson, Dictionary 1755:

»To drape (v. n.) (drap French: drapus low Latin) 1) To make cloth. 2) To jeer or satyrize (drapper French) it is used in thus sense by the innovator Temple, whom nobody has imitated. D r a p e r n. s. (from drape) one who sells cloth ϵ. Warum Swift »drapier« schreibt, ist nicht recht klar. Er sagt ausdrücklich, er hätte seinen besonderen Grund zu dieser Schreibart. Das große Orforder Wörterbuch der Philological Society, welches vermuthlich darüber etwas zu sagen haben wird, ist noch nicht bis zu diesem Buchstaben vorgeschritten.

„... schlug sich gern zur mittler'n Art“ (Vers 315).

„Damals (1704) gewöhnte er sich auch an die Fußreisen, welche er sein ganzes Leben hindurch fortsetzte, und welche einen so großen auf seinen Geist ausübten. Er durchwanderte zu Fuß einen großen Theil von England und Irland, mischte sich unter die allerniedrigsten Stände und kehrte in die elendesten Gasthäuser ein.“ (William Edward HartpoleLecky. Vier historische Essays, Deutsch von Jolowitz. Posen 1873. Seite 3.)

Swift's persönlicher Verkehr mit den Lords (Vers 316—327).

Hippolyte Taine nimmt es Swift gewaltig übel, daß er mit den hohen, zumeist sehr sittenlosen Adeligen gar so kurz angebunden, oft sogar recht grob gewesen ist. Er findet solchen Hochmuth unverzeihlich. Uns will gerade diese Steifnackigkeit des Dechanten sehr wohl gefallen, nachdem ihr das freundlich-herablassende Wesen zu den schlichten Leuten aus dem Volke gegenübersteht.

„Der Herr Staatssecretär sagte mir, daß der Herzog von Buckingham meine Bekanntschaft zu machen wünschte. Ich antwortete ihm, daß dies nicht möglich sei, weil er nicht genug Entgegenkommen gezeigt hätte. Da sagte der Herzog von Shrewsbury, daß er glaubte, der Herzog wäre nicht gewöhnt, entgegenzukommen. Ich erwiderte ihm, daß ich da nicht helfen könnte; denn ich erwartete stets Entgegenkommen, je nach dem Stande der Leute und mehr von einem Herzog, als von anderen Personen.“ (19. Mai). „Ich bin so stolz, daß ich alle die Lords an mich herankommen lasse.“ (a. a. o.)

»Journal an Stella« 19. Mai und 7. October zeigt, wie wenig Swift sich aus Herzogen und Lords gemacht hat. 7. October Vol. IV, Seite 86. Vergleiche Taine, Geschichte der englischen Literatur, Vol. II, Seite 321 u. ff. 19. Mai. Vol· IV, Seite 337, 338.

„Der höh're Platz" (Vers 341).

Die Mitra war zeitlebens das höchste Ziel des Ehrgeizes von
Jonathan Swift. So nah' er schon oft daran war, Bischof zu werden,
erreichte er diese Würde dennoch niemals, was zu seiner Verbitterung
und Verdüsterung nicht wenig beitrug. Der Verfasser des „Märchens
von der Tonne" Bischof! — Darüber kam man nicht hinweg. Swift's
Todfeindin die Herzogin von Somerset intriguirte immer gegen ihn.
(Mahon, Vol. I, S. 68).

A Tale of a tub

heißt, nach dankenswerther Mittheilung des Herrn Professor Leon Kellner
in Wien, ursprünglich „Altweibermärchen, Ammengeschichte."

Wer unter diesem Titel religiöse Probleme satyrisch erörtert, wird
wohl in keiner Kirche zu den höchsten Würden aufsteigen.

„Gott! welchen Kopf hatte ich, als ich das schrieb", rief der
Greis Swift einmal bei der Lectüre seines Jugendwerkes aus.

„Die schlimmste Zeit," (Vers 350)

ein bei Swift und seinen Freunden oft wiederkehrender Ausdruck.
Gemeint sind damit die letzten Regierungsjahre der Königin Anna.

Oxford's „Verbrechen" (Vers 351).

Robert Harley Graf von Oxford (1661—1724).

»To palliate his friends Oxford crimes.«

Die Verbrechen Oxford's waren offenbar dessen Bemühungen
für die Succession des Hauses Hannover und sein geheimes Einver-
ständniß mit Frankreich bei den Friedens-Unterhandlungen. Des
Hochverraths angeklagt, wanderte er 1715 in den Tower, wurde jedoch
1717 freigesprochen. Sein Sohn Edward Earl of Oxford war der
bekannte harmlose Curiositäten- und Handschriftensammler, der sich eines
großen Theiles seines Besitzes entledigte, um Schulden zu zahlen,
was sein Vater oder Bolingbroke nie gethan haben würden.
Ueber Oxford vergl. Mahon S. 145/7. Swift's Gedicht an
Oxford im Tower, Vol. VII, S. 19.

Königin Anna und der Prätendent (Vers 351—352).

„Noch blieb bis zum Jahre 1714, da das heute regierende Welfenhaus Hannover das Scepter ergriff, das englische Staatsleben ungewissen Möglichkeiten des morgigen Tages ausgesetzt. Vom französischen Reichsboden her lugte ein katholischer Prätendent nach der englischen Krone aus, der Sohn des enttrohnten Königs Jakob Stuart und während die Whigs, die Revolutionspolitiker der vorigen Epoche, gelobten, für die vom Parlamente beschlossene protestantisch-hannover'sche F, zufolge Gut und Blut zu opfern, liebäugelten die Tories, die Sachwalter des historischen Verfassungsrechtes, mit dem katholischen Prätenbenten, dem legitimen Erben des Thrones." C. v. Noorden, Historische Vorträge. Leipzig 1884. Seite 92.

»As never fav'ring the pretender.« Ironische Anspielung. Königin Anna hat den Prätenden — ihren Stiefbruder Jaceb III. — nie begünstigt — öffentlich nicht, aber im Geheimen wohl. Vergl. Swift Vol. XV, S. 112.

»An Enquiry into the behaviour of the Queen's last Ministry:« »I remember, during the late treaty of peace, discoursing at several times with some very eminent persons of the opposite side, with whom I had a long acquaintance. I asked them seriously, whether they or any of their friends did in earnest believe, or suspect, the Queen or the ministry to have any favourable regard toward the Pretender? They all confessed for themselves, that they believed nothing to the matter.« etc.

In Swift's Nachlaß fand sich ein historisches Werk vor über die vier letzten Regierungsjahre der Königin Anna, dasselbe, welches zu schreiben er Bolingbroke aufgefordert hatte. Horace Walpole urtheilt darüber, wie folgt: „Ein schwaches Libell, in schlechtem Stile geschrieben, schlecht unterrichtet und die unrichtigsten Pöbelgeschichten (mob-stories) aufnehmend". (Walpole letters, March 2, 1758, to Sir Horace Mann; erwähnt bei Allibone.) Dennoch wird es von Ranke in seiner „englischen Geschichte" als Quellenwerk benützt.

„Sein klein Vermögen" (Vers 869).

10.000 Pfund Sterling, das Ergebniß von mehr als dreißigjähriger Sparsamkeit, die zuletzt in furchtbaren Geiz ausartete.

„Nicht eine Predigt" (Vers 359).

Vol. X finden sich vier nachgelassene Predigten.

Das Testament

verfügt über zahlreiche Legate, darunter ein Bild Karl I. von van Dyck, werthvolle Antiquitäten und des Dechanten „drittbesten Castorhut", der an Shakespeares „zweitbestes Bett" in dessen Testament gemahnt.

Ferner ordnet er für sich folgende lateinische Grabschrift an:

„Hier liegt der Leib Jonathan Swift's, des Dechanten dieser Kathedrale, wo wilder Zorn sein Herz nicht mehr zerreißen kann. Gehe, Wanderer, und wenn Du es vermagst, ahme dem muthigen Manne nach, der im Kampfe für die Freiheit seinen Mann stand."
(Uebersetzung von Frenzel in „Dichter und Frauen, Swift und Stella" Hannover 1866.)

Vergleiche das Originaltestament von Jonathan Swift, abgedruckt im zwölften Bande der Ausgabe von 1768, Seite 368.

„Und die Einkünfte aus den jährlichen Erträgnissen der erwähnten angekauften Liegenschaften, und wenn kein solcher Ankauf stattfindet, die Einkünfte aus den jährlichen Zinsen meines erwähnten Vermögens, angewiesen wie oben meinen Testamentsexecutoren, sollen verwendet werden zum Ankaufe eines Grundstückes in der Nähe von Dr. Stevens Hospital belegen, oder, wenn es dort nicht erhältlich sein sollte, in der Nähe der Stadt oder in der Stadt Dublin, welches geeignet sein soll für die noch zu erwähnenden Bestimmungen, damit ein Hospital darauf erbaut werden könne, zur Aufnahme von so vielen Idioten und Mondsüchtigen (Lunaticks) geeignet, als das jährliche Erträgniß erwähnten Grundstückes ausreichend ist zu unterhalten; ich wünsche, daß dieses Hospital St. Patricks Hospital genannt werde und in solcher Weise erbaut, daß andere Baulichkeiten im Bedarfsfalle hinzugefügt werden können; so daß die Zubauten die erste Baulichkeit regelmäßig ergänzen mögen. Mein weiterer Wille und Wunsch ist, daß wenn das erwähnte Hospital gebaut sein wird, das ganze jährliche Erträgniß erwähnter Liegenschaften für immer ausgelegt werden soll zur Bestreitung von Lebensmitteln, Kleidung, Arzneien, Wartung und aller anderen Bedürfnisse der Idioten und Mondsüchtigen, welche darin Aufnahme finden werden,

ferner zur Instandhaltung und Erweiterung des Gebäudes von Zeit
zu Zeit, je nachdem wie es erforderlich sein wird. Falls eine genügende
Anzahl von Idioten und Mondsüchtigen nicht gefunden werden sollte,
wünsche ich, daß unheilbare Kranke in das gedachte Hospital Aufnahme
finden mögen; aber daß keine Person Aufnahme finde, welche an
irgend einer ansteckenden Krankheit leidet; und daß alle Idioten,
Mondsüchtigen und Unheilbaren, welche in dem obgedachten Hospital
Aufnahme finden werden, beständig darin leben und wohnen sollen,
sowohl bei Nacht als bei Tag.“

Vier Epigramme, durch Swift's Stiftung veranlaßt, gibt Scott
Vol. XV, S. 225 seiner Swift-Ausgabe.

Swift's Stolz (Vers 367—75)

bildet einen Grundzug seines Charakters.

Die Worte am Schlusse des Gedichtes sind eine kühne
Paraphrase des Goethe'schen: Nur Lumpe sind bescheiden. Auch das
Alterthum kannte die aus dem Mittelalter herstammende, zumeist falsche,
moderne Bescheidenheit nicht.

»Il y a troi sortes d'orgeuil Messieurs, disait le docteur
Swift dans un de ses sermons, l'orgueil de la naissance, celui
des richesses, celui de l'esprit; je ne vous parlerai du dernier,
il n'y a personne, parmi vous. qui ait a se se reprocher un vice
si condamnable« citirt von Voltaire. Lettre d'un avocat a un
nommé Nonotte. Vol. 49, Seite 236 ed. de Gotha.

Dieselbe Geschichte erscheint variirt in Encyclopédiana ou Dictionnaire Encyclopédique des Ana (Panckoucke) Seite 888. Hier soll er
es gar vor dem Parlament (!) geprebigt und sein Dechanat von St. Patrick
deßwegen verloren haben (!!) Französische Gründlichkeit nimmt es
bekanntlich nicht im ner allzugenau mit der historischen Wahrheit.
Vergl. hiezu Almanach ltt. 1753 und Dictionnaire enclyclopédique
d'Anecdotes, Vol. II, Seite 172, wo ungefähr dasselbe erzählt wird.

Swift und Voltaire.

Voltaire schrieb an Swift, London, 14. December 1727. Swift
Correspondenz Vol. II. Seite 356, Seite 358, ohne Datum; III. 341—348
Empfehlung) nennt er ihn »un des hommes les plus extraordinaires

que l'Angleterre ait produit (au Comte de Morville, Voltaire Dictonnaire philos. Seite 415 »du doyen Swift« ; Vergl. Supple‑ ment III, Seite 519.

Parallele zwischen Swift und Voltaire (Taine, Geschichte der englischen Literatur, deutsch, Vol. II, Seite 848 u. ff.)

Seit Voltaire datirt auch die Gewohnheit, Swift mit dem ihm so ganz unähnlichen Rabelais zu vergleichen und immer zusammen zu nennen, wogegen sich u. A. auch Chateaubriaub ausgesprochen hat.

Ueberſetzungsproben.

Bei Taine (Gesch. d. engl. Lit., deutsch) ist auch ein Bruchstück aus unserem Gedichte ins Teutsche übertragen. Wie, urtheile der Leser selbst nach den Proben:

„Vermacht er Alles haben soll
Man sagt zum öffentlichen Wohl . . .
O Gott, nimm seine Seel zu Dir
(Ich alle Stiche jetzt risfir!)"

An einem anderen Stückchen versucht Gottlob Regis im Swift‑ büchlein S. 846 seine Ueberſetzerkünſte.

„. . . . Er gab dahin sein klein Vermögen,
Ein Haus für Narren anzulegen;
Damit auch dies Gestift ermahn',
Es sei kein Voll so reich daran.
Und weil ihr nun nicht mehr vor Hieben braucht zu beben,
So dächt' ich, seinem Staub, dem könnt ihr schon vergeben."

Eine andere Variante lautet:

„Sein kleines Habe setzt er aus
Zu einem Narr'n‑ und Irrenhaus,
Ein wenig war's satyrisch scharf,
Daß nichts ein Werk so sehr bedarf."

Ueberſetzung (aus Ledy, Essays) von Dr. Gustav Schwetsche.

Druckfehler: S. 47 Z. 8 lies 1733 statt 1737.

Druck von I Ped & Sohn, Wien, VIII. Bez., Lerchenfelderſtraße Nr. 46.